Vente des Lundi 22 et Mardi 23 Janvier 1872.

SALLE N° 8.

COLLECTION

DE M. LE VICOMTE DE S. P.

OBJETS D'ART

TABATIÈRES — MINIATURES — BIJOUX

TABLEAUX

MODERNES ET ANCIENS

EXPOSITIONS :

PARTICULIÈRE	PUBLIQUE
Le Samedi 20 Janvier 1872.	*Le Dimanche 21 Janvier 1872.*

DE UNE HEURE A CINQ HEURES.

COMMISSAIRE-PRISEUR :

Me CHARLES PILLET, rue de la Grange-Batelière, 10.

Pour les Tableaux :	*Pour les Objets d'Art :*
M. FRANCIS PETIT	M. CHARLES MANNHEIM
EXPERT	EXPERT
7, rue Saint-Georges.	7, rue Saint-Georges

CATALOGUE

DES

OBJETS D'ART

ET DE CURIOSITÉ

Bijoux; Miniatures; Tabatières; Bonbonnières;
Matières précieuses; Orfévreries;
Faïences italiennes et de Bernard Palissy; Sculpture;
Anciennes Porcelaines de Sèvres; Bronzes Louis XVI; Objets variés.

JOLIE TAPISSERIE

TABLEAUX MODERNES ET ANCIENS

Composant la Collection de M. le vicomte de St Pierre.

ET DONT LA VENTE AURA LIEU

HOTEL DROUOT, SALLE N° 8

Les Lundi 22 et Mardi 23 Janvier 1872

A UNE HEURE ET DEMIE

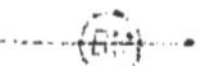

Par le ministère de Me **CHARLES PILLET**, Commissaire-Priseur,
10, rue de la Grange-Batelière.

Assisté de MM. **FRANCIS PETIT** et **CHARLES MANNHEIM**, experts,
rue Saint-Georges, 7.

Chez lesquels se distribue le présent Catalogue.

EXPOSITIONS { *PARTICULIÈRE : le Samedi* 20 *Janvier* 1872
PUBLIQUE : le Dimanche 21 *Janvier* 1872 }

DE UNE HEURE A CINQ HEURES.

CONDITIONS DE LA VENTE.

Elle sera faite au comptant.

Les adjudicataires payeront *cinq pour cent* en sus des enchères.

ORDRE DES VACATIONS

Le Lundi 22 Janvier 1872

Bijoux et miniatures.
Tabatières et bonbonnières.
Matières précieuses.
Orfévrerie.
Tableaux anciens et modernes.

Le Mardi 23 Janvier 1872

Faïences italiennes.
Faïences de Bernard Palissy.
Sculptures en marbre et en ivoire.
Porcelaines de Sèvres.
Porcelaines diverses.
Bronzes d'ameublement.
Objets variés.
Tapisserie.

Paris. — Imprimerie Pillet fils aîné, rue des Grands-Augustins, 5.

TABLEAUX

DE

L'ÉCOLE MODERNE

BOULANGER

(LOUIS)

1 — Renaud dans les jardins d'Armide.

Haut., 45 cent.; larg., 37 cent.

DE DREUX

(ALFRED)

2 — Jockey à cheval.

Haut., 72 cent.; larg., 90 cent

DIAZ

3 — Trois enfants turcs jouant avec des chiens.

Haut., 35 cent.; larg., 27 cent.

DIAZ

4 — Deux jeunes filles cueillant des fleurs.

Haut., 55 cent., larg., 37 cent.

DIAZ

5 — Baigneuse assise, vue de dos.

Haut., 31 cent.; larg., 23 cent.

GABÉ

6 — L'embouchure de la Meuse.

Haut., 50 cent.; larg., 70 cent.

HOGUET

7 — Le bout du monde.

Haut., 50 cent ; larg., 70 cent.

ISABEY

8 — Bateau remontant un cours d'eau,

Haut., 47 cent.; larg., 70 cent.

JACQUE

9 — Les forgerons.

Haut., 55 cent.; larg., 45 cent.

LAMBINET

10 — La mare de la ferme.

Haut., 40 cent.; larg., 58 cent.

LENFANT DE METZ

11 — Petite fille faisant du crochet.

Haut., 32 cent.; larg., 23 cent.

ROQUEPLAN

12 — Jeune femme se promenant dans un bois.

Haut., 44 cent.; larg., 31 cent.

THIOLLET

13 — Les bords de la Seine.

Haut., 44 cent.; larg., 73 cent.

TROYON

14 — Jeune garçon conduisant un troupeau d'oies.

Haut., 45 cent.; larg., 37 cent.

WILLEMS

15 — Rêverie.

Une jeune femme vêtue d'un élégant costume de satin blanc est debout près d'une table recouverte d'un tapis armorié, sur laquelle est déposé un bouquet près d'une lettre ouverte; sa figure est songeuse.

Près d'elle un petit chien semble surveiller tous ses mouvements.

Haut., 80 cent.; larg., 64 cent.

TABLEAUX

DE

L'ÉCOLE ANCIENNE

CHALLE

16 — L'Offrande à l'Amour.

Une jeune femme vient déposer devant une statue de l'Amour, une corbeille de fleurs dans laquelle sont deux colombes.

Haut., 53 cent.; larg., 45 cent.

COYPEL

17 — Portrait de femme.

Elle est assise sous de grands arbres, des amours voltigent autour d'elle et l'entourent de guirlandes de fleurs, l'un d'eux tient une flèche à la main.

Haut., 1 m. 35 cent.; larg., 1 m. 64 c.

DEMARNE

18 — Allée dans un bois.

Cette peinture de *Demarne* est évidemment une interprétation d'après un ancien maître.

Haut., 59 cent.; larg., 42 cent.

FRAGONARD

19 — Portrait de femme.

Debout, sous les grands arbres d'un parc, vêtue d'un élégant costume de l'époque, ses deux poings sur la hanche, elle semble essayer un pas.

Haut., 34 cent.; larg., 26 cent.

DROLLING

20 — La bonne nouvelle.

Composition de six à sept figures, provenant de la Collection d'Emieville.

Haut., 32 cent.; larg., 40 cent.

MALLET

21 — Le Pardon.

Collection d'Emieville.

Haut., 24 cent.; larg., 32 cent.

VIGÉE LE BRUN (Mme)

22 — Son portrait.

Elle est vêtue de blanc, un ruban rose au corsage et un à la ceinture, un mantelet noir sur les épaules, les cheveux bouclés et légèrement poudrés, puis sur la tête un élégant chapeau noir à plumes.

Haut., 59 cent.; larg., 49 cent.

ÉCOLE FRANCAISE
(1730)

23 — Portrait de femme.

Ce portrait dans le style de *Largillière* représente une grande dame sous la figure de Diane, son costume est d'une grande richesse, elle tient à la main un faisan.

Haut., 1 m. 30 cent.; larg., 1 m. 02 cent.

ÉCOLE FRANÇAISE
(1750)

24 — Portrait de femme.

Ce portrait peint dans le sentiment de *Nattier* représente une jeune femme vue à mi-corps tenant une lyre à la main, vêtue d'une robe blanche, et coiffée avec de petites plumes dans ses cheveux poudrés.

Haut., 1 m. 02 cent.; larg., 80 cent.

ÉCOLE FRANÇAISE

(1790)

25 — Jeune mère et son enfant.

Cette peinture qui pourrait être attribuée à *Greuze* représente une jeune femme assise tenant un enfant debout près d'elle; sur ses genoux est une cage sur le haut de laquelle est un petit serin.

Haut., 79 cent.; larg., 63 cent.

MORO

(ANTOINE)

26 — Portrait d'Isabelle de France, fille de Heuri II.

Ce portrait provient de la vente Bernal de Londres.

Haut., 50 cent.; larg., 39 cent.

27 — Autre portrait d'Isabelle de France.

Haut., 20 cent.; larg., 16 cent.

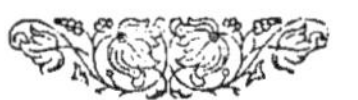

OBJETS D'ART

ET DE CURIOSITÉ

DÉSIGNATION DES OBJETS

BIJOUX ET MINIATURES

28 — Couteau à dessert du roi Louis XVI à lames de rechange en acier et en or. Le manche, entièrement en or gravé, est couvert de trophées d'armes, de soleils et d'ornements variés. Il porte sur une de ses faces les L enlacées du Roi ainsi que les lettres A et M enlacées, chiffre de la reine Marie-Antoinette.

Des écussons surmontés de la couronne royale portaient les armes de France et d'Autriche, mais ils ont été grattés et remplacés par des quadrillages.

Cet objet précieux est accompagné de son étui en galuchat.

29 — Très-bel étui en vernis de Martin, décoré de jeux d'amours, dans le style de Boucher, finement peints en couleurs sur fond d'or. Monture en or gravé.

Cet étui a appartenu à la reine Marie-Antoinette et provient de la collection Ducreux, peintre de la reine.

30 — Bel étui Louis XV en or de couleurs ciselé à groupes de fruits et ornements.

31 — Petit étui en or guilloché à pois et à mille raies, enrichi de perles saillantes en or. Époque Louis XVI.

32 — Autre petit étui en or guilloché et cordons ciselés à fleurs et ornements. Époque Louis XVI.

33 — Étui en vernis de Martin fond vert et cordons rouges.

34 — Jolie miniature ovale sur ivoire. — Portrait de la reine Marie-Antoinette, vêtue de blanc et coiffée d'un chapeau noir garni d'une plume rose. Cadre en vermeil gravé à chaînette.

35 — Jolie miniature ovale par Hall. — Portrait de jeune femme représentée avec les attributs de Cérès. On lit au revers : *Cérès par Hall. Donnée par M. le baron Denon à M. Saint. Extrait du Catalogue de la vente Saint.*

36 — Portrait de femme peint en miniature sur ivoire et monté dans un médaillon carré en or, entouré de perles fines et suspendu à quatre petites chaînes d'or. Époque Louis XVI.

37 — Miniature rectangulaire sur vélin, représentant une des filles de Louis XV, en riche costume de l'époque, et portant le manteau fleurdelisé. Monture en argent doré.

38 — Petite montre en or ciselé et émaillé ; le médaillon représente deux amours couronnant un cœur. Le cadran est entouré de jargons. Époque Louis XVI.

39 — Petite montre, décorée de deux médaillons modernes peints sur émail.

40 — Trois petits cachets dont un orné d'une figurine d'amour montée en or.

41 — Très-petit camée sur calcédoine à deux couches, représentant un buste d'homme de profil en costume des premières années du XVIe siècle.

42 — Belle montre à répétition en or émaillé à sujet pastoral et fleurs, et enrichie de diamants. Époque Louis XV.

43 — Miniature ronde sur ivoire; portrait de femme vêtue de blanc. Époque Louis XVI.

TABATIÈRES ET BONBONNIÈRES

44 — Belle boîte de forme oblongue à angles coupés, en or émaillé gros bleu étoilé d'or, et cordons et pilastres ciselés en relief à festons de lauriers émaillés vert et points d'émail imitant l'opale. Le dessus est orné d'une miniature ovale sur vélin, représentant un portrait de femme portant un manteau fleurdelisé. Époque Louis XVI.

45 — Tabatière ovale en or guilloché à mille raies et bordures d'émail imitant l'agate arborisée avec entre-deux à fleurs ciselées et émaillées. Le dessus est orné d'une

très-belle peinture sur émail attribuée à de Mailly et représentant une offrande à l'Amour, en grisaille sur fond rose. Époque Louis XVI.

46 — Belle boîte ovale en vernis de Martin à fond quadrillé rouge ; le dessus est décoré d'une figure allégorique de la Gloire. Monture à gorge à charnière en or.

47 — Jolie petite boîte de forme rectangulaire en or émaillé en plein fond vert à médaillons de fleurs finement peints en couleurs et ornements réservés en or gravé. Elle est signée : *Garand à Paris*. Époque Louis XV.

48 — Petite boîte ovale, à cage en or ciselé à ornements rocaille et fleurs, garnie de plaques d'agate orientale arborisée, et bec orné de rubis, de roses et d'émeraudes. Elle est doublée en or. Époque Louis XV.

49 — Jolie boîte ovale en or ciselé à médaillons attributs champêtres et guirlandes de fleurs. Le bec, ainsi que l'encadrement d'un médaillon peint sur émail qui orne le couvercle, sont enrichis de diamants. Époque Louis XV.

50 — Petite boîte longue à angles arrondis en or guilloché émaillé bleu à étoiles d'or et cordons formés de perles émaillées rouge et blanc. Époque Louis XVI.

51 — Très-petite boîte rectangulaire, formée de plaques de lapis-lazuli de belle qualité et montée à cage en or finement gravé à ornements. Époque Louis XVI.

52 — Boîte de forme plate à angles rentrants en or ciselé à ornements rocaille et attributs; le dessus en verre est décoré d'applications d'or et de burgau, représentant un paysage; le fond est en verre uni. Époque Louis XV.

53 — Boîte rectangulaire montée à cage en or et garnie de panneaux d'émail gros bleu, décorés de bouquets de fleurs émaillés en couleurs. Époque Louis XV.

54 — Bonbonnière ronde en ivoire finement sculpté et repercé à jour, décorée de figures dans le style de Boucher. Le dessus représente le sujet de Jupiter et Léda. Époque Louis XV.

55 — Bonbonnière ronde en or guilloché à cordons et rosaces ciselés. Epoque Louis XVI.

56 — Très-petite boîte en topaze taillée à degrés, et montée à gorge à charnière en or ciselé. Le bec est orné d'un rubis et de deux roses.

57 — Petite boîte plate de forme octogone en cristal de roche, montée à gorge à charnière en or.

58 — Belle tabatière en or ciselé, enrichie de compartiments en lapis-lazuli et d'ornements repercés à jour. Le dessus est orné d'un bas-relief en or très-finement ciselé représentant le char de l'Aurore.

59 — Jolie boîte carrée en or guilloché, offrant sur chacune de ses faces un sujet de style flamand exécuté en

coquilles de diverses nuances et incrustées. Epoque Louis XV. Elle provient de la collection Edouard Fould.

60 — Belle boîte ovale en or couverte de belles incrustations de pierres diverses représentant des rosaces, des fleurs et des festons de lauriers. Travail de Neubert, de Dresde.

61 — Jolie bonbonnière ronde en or émaillé, décor dit à queue de paon sur fond bleu et enrichie de cordons en relief finement ciselés et émaillés en couleurs. Epoque Louis XVI.

62 — Tabatière ovale en or émaillé gros bleu à cordons blancs et le dessus enrichi d'une peinture sur émail de forme ovale, représentant un sujet allégorique aux arts et aux sciences.

63 — Jolie bonbonnière ronde en ancien laque d'or du Japon, décorée d'un coq sur le couvercle et montée à gorge à charnière en or.

MATIÈRES PRÉCIEUSES

64 — Cristal de roche. — Belle coupe oblongue forme coquille à ornements et insectes finement gravés en creux. Travail italien du xvi° siècle.

Cette coupe a reçu sous Louis XV une anse en bronze doré, composée d'ornements rocaille.

Elle provient de la collection du duc de Morny.

65 — Agate orientale. — Petite coupe ronde taillée à côtes, montée à anses formées de cariatides en argent doré.

66 — Agate orientale. — Coupe en forme de fruit; l'anse est formée de feuillages pris dans la masse. Travail chinois.

67 — Agate orientale. — Coupe ronde et profonde montée en vermeil. Cette pièce a été fracturée.

68 — Cristal de roche. — Deux grands et beaux flambeaux montés sur pied en vermeil avec cabochons en cristal de roche. Les binets en cristal de roche sont accompagnés de bobèches de même matière.

69 — Cristal de roche. — Petite coupe ovale à lobes, gravée à ornements. Elle est montée sur un pied formé de quatre consoles en argent doré et grenats. Epoque Louis XIII.

ORFÉVRERIE

70 — Grande et belle soupière ronde avec couvercle et plateau en argent finement ciselé à ornements et festons de feuillages de style Louis XVI.

71 — Grande cafetière en argent du temps de Louis XIV à anse formée d'une cariatide de femme et bec orné d'un mascaron.

72 — Autre grande cafetière en argent, modèle à côtes, enrichie d'ornements ciselés. Epoque Louis XV.

73 — Ecuelle avec plateau en argent ciselé à oves. Le couvercle a un fruit pour bouton. Epoque Louis XV.

74 — Deux flambeaux en argent de style Louis XIII à pieds et colonnes carrées. Les pieds sont ornés de dauphins couronnés et de fleurs de lis.

75 — Très-joli repoussé sur argent, représentant la sainte Trinité, composition d'un grand nombre de figures. Travail italien du XVIe siècle.

76 — Petite théière en argent ciselé et doré et manche d'ivoire.

77 — Deux flambeaux du temps de Louis XV en argent à ornements ciselés.

78 — Deux flambeaux Louis XVI en argent doré à tige et pied cannelé.

79 — Cafetière Louis XV en argent repoussé à côtes en spirale et ornements rocaille ciselés.

FAÏENCES ITALIENNES

80 — Fabrique de Lucca della Robbia. — Deux supports formés chacun d'une figure d'ange debout et drapé, émaillé blanc, reposant sur des nuages émaillés bleu. — Haut., 68 cent.

81 — Fabrique de Gubbio. — Joli petit plat rond à décor à reflets métalliques rouge rubis et bleu nacré. Il est couvert de trophées d'instruments de musique et d'une tête de chérubin sur fond bleu. Un cartouche porte la date de 1519 et un listel porte un nom illisible. — Diam., 24 cent.

82 — Fabrique d'Urbino. — Grand plat rond représentant les fils de Niobé tués par Apollon. Il porte au revers l'indication du sujet ainsi que la date de 1548. — Diam., 43 cent.

83 — Fabrique de Pesaro. — Plat rond représentant diverses scènes tirées de l'histoire de Judith et d'Holopherne. Il porte au revers l'indication du sujet et l'inscription suivante : *Fatto in Pesaro in bottega de mestro Gironimo*, 1542. Sans l'indication qui se trouve sur ce plat on l'attribuerait à la fabrique d'Urbino. — Diam., 36 cent.

84 — Fabrique d'Urbino. — Jolie gourde de forme aplatie, à deux anses têtes de satyres. Elle est décorée de diverses scènes tirées de l'histoire de Loth. — Haut., 35 cent.

85 — Même fabrique. — Coupe ronde à côtes, décorée au centre d'une figure d'Amour et au pourtour d'ornements en couleurs sur fonds jaune, vert et bleu alternant. — Diam., 25 cent.

86 — Fabrique de Forli. — Petit plat rond décoré en grisaille sur fond bleu. Il offre au centre une figure d'Amour armé d'une épée et au pourtour des trophées d'armes. — Diam., 23 cent.

87 — Fabrique Siculo-Arabe. — Grand plat rond décoré d'ornements à reflets métalliques mordorés et bleus. Il offre à l'extérieur un aigle héraldique à reflets mordorés. — Diam., 45 cent.

FAIENCES DE BERNARD PALISSY

88 — Jolie statuette : le Vielleur, émaillée de belles couleurs. — Haut., 25 cent.

89 — Joli groupe : la Nourrice. Belle épreuve de ce modèle. — Haut., 24 cent.

90 — Belle coupe ronde à bords festonnés, ornée de mascarons en relief, émaillés blanc, sur fond couvert d'ornements en relief émaillés en couleurs variées. Elle provient de la collection Rattier. — Diam., 26 cent.

91 — Coupe de même modèle que celle qui précède, mais émaillée différemment. — Diam., 26 cent.

92 — Belle coupe ronde offrant au centre le sujet des enfants vendangeurs et au bord des ornements fleuronnés. Bonne épreuve. — Diam., 30 cent.

93 — Jolie saucière, présentant à l'intérieur les figures en relief de Cérès et de Bacchus. — Long., 19 cent.

94 — Joli plat ovale offrant au centre une cavité ovale émaillée vert, et au pourtour quatre cavités rondes et jaspées, séparées par des figures de génies ailés tenant des attributs guerriers. Très-belle épreuve. — Larg., 34 cent.

95 — Joli plat ovale offrant au centre une cavité ovale émaillée tigrée et au pourtour six petites cavités variées de forme et d'émail, séparées par des cornes d'abondance. — Larg., 30 cent.

96 — Charmante petite coupe ronde, décorée d'ornements en bas-relief formant rosace et émaillés de couleurs variées. Modèle rare. — Diam., 23 cent.

97 — Jolie coupe ronde décorée d'une seule rosace à feuilles émaillées de couleurs variées et godrons saillants émaillés blanc et jaune. Collection Rattier. — Diam., 28 cent.

98 — Coupe ronde offrant en bas-relief le sujet de Persée délivrant Andromède, émaillé en couleurs. — Diam., 25 cent.

SCULPTURES

99 — Marbre blanc. — Charmant petit buste de jeune fille, dans la manière de Houdon.

100 — Ivoire. — Groupe. — La Vierge debout et drapée tient, assis sur son bras gauche, son divin fils, dont la main droite est levée dans l'attitude de la bénédiction. XVIIe siècle.

101 — Ivoire. — Statuette d'enfant nu fabriquant un arc. XVIIe siècle.

102 — Ivoire.— Petite statuette de sainte femme debout.

103 — Ivoire. — Deux petits vases forme buire, offrant au pourtour des nymphes dansant ainsi que des mascarons et des lions sculptés en bas-relief. Ils portent le nom : MARTINO—ANN. 1679. Socles en bois noir.

PORCELAINES DE SÈVRES

104 — Deux jolies figures en ancien biscuit de Sèvres pâte tendre, connues sous le nom de : *Garde à vous.* Elles sont montées, chacune, sur un socle cannelé en vieux Sèvres pâte tendre, décoré gros bleu et ornements d'or, et sur un contre-socle en marbre blanc enrichi de frises en bronze doré au mat, représentant des branches de roses de la plus grande finesse d'exécution. Époque Louis XVI. — Haut. totale, 36 cent.

105 — Jolie statuette de baigneuse, d'après Falconnet, en biscuit de Sèvres pâte tendre, pouvant former le milieu des deux pièces qui précèdent. Elle repose également sur un socle cannelé en vieux Sèvres pâte tendre, décoré gros bleu et ornements d'or. Le contre-socle, en marbre blanc à gorge, est garni de deux rangs de perles en bronze doré. Époque Louis XVI. — Haut. totale, 47 cent.

106 — Joli vase porte-fleurs de forme ovoïde, à deux anses, en ancienne porcelaine de Sèvres pâte tendre, fond bleu à œils de perdrix et bouquets de roses dans des médaillons ronds encadrés d'or. Le dessus, repercé à jour et mobile, est surmonté d'un bouton de forme ovale. Époque Louis XVI. — Haut., 24 cent.

107 — Très-jolie tasse forme droite, en ancienne porcelaine de Sèvres pâte tendre, fond gros bleu à quadrillages d'or et médaillons de personnages, sujets champêtres dans le style de Boucher. Époque Louis XV.

108 — Petit cabaret en ancienne porcelaine de Sèvres pâte tendre, décoré de quadrillages vert pomme et or avec fleurs dans les entre-deux. Il se compose d'un petit plateau rectangulaire, d'une tasse à deux anses avec soucoupe et d'un sucrier.

109 — Petite tasse forme droite avec soucoupe, en ancienne porcelaine de Sèvres pâte tendre, fond gros bleu à pois d'or et médaillons d'oiseaux.

110 — Grande tasse forme droite avec soucoupe, en porcelaine de Sèvres pâte tendre, fond gros bleu et décor d'or et médaillons de personnages, sujets champêtres dans le style de Boucher.

111 — Deux jolis seaux, en ancienne porcelaine de Sèvres pâte tendre, fond gros bleu caillouté d'or et bouquets de fleurs encadrés d'ornements d'or. Epoque Louis XV.

112 — Jolie jardinière de forme oblongue, de mêmes porcelaine et décor.

113 — Seize assiettes en vieux Sèvres pâte tendre, fond gros bleu caillouté d'or au bord avec médaillons réservés renfermant des fleurs. Epoque Louis XV.

114 — Deux compotiers forme coquille, de mêmes porcelaine et décor.

115 — Deux compotiers ronds de mêmes porcelaine et décor.

116 — Un compotier carré de même qualité.

117 — Deux jolis plateaux à biscuits sur piédouches bas, en vieux Sèvres pâte tendre, décorés de festons de fleurs et bords bleus cailloutés d'or. Epoque Louis XV.

118 — Un sucrier de même porcelaine, fond gros bleu caillouté d'or et médaillons de fleurs. Même époque.

119 — Ecuelle avec couvercle en ancienne porcelaine de Sèvres pâte dure, décorée de rubans bleu turquoise,

œils de perdrix d'or et guirlandes de fleurs. Le plateau est en pâte tendre.

120 — Trente-deux belles assiettes en ancienne porcelaine de Sèvres pâte tendre, à médaillons de fleurs au bord sur fond bleu turquoise.

121 — Trois compotiers forme coquille, en porcelaine de Sèvres pâte tendre, décorés de fleurs au centre et de médaillons d'oiseaux au bord sur fond bleu turquoise.

122 — Quatre jolis compotiers carrés en ancienne porcelaine de Sèvres pâte tendre, décorés de jetés de roses au centre et de fleurs au bord sur fond bleu rehaussé d'œils de perdrix en or.

123 — Beau bol de mêmes porcelaine et décor. Il provient du même service.

124 — Théière, sucrier, pot à crême, deux tasses avec soucoupes et un petit plateau de mêmes porcelaine et décor, et provenant aussi du même service.

125 — Deux seaux à rafraîchir première grandeur, en ancienne porcelaine de Sèvres pâte tendre, à décor dit *feuille de chou* et jetés de fleurs.

126 — Verrière de mêmes porcelaine et décor.

127 — Deux glacières en ancienne porcelaine de Sèvres pâte tendre, décorées de fleurs en couleurs et de filets bleus au bord.

128 — Seau à rafraîchir, petit modèle, de même décor.

129 — Deux jolis bols ronds à côtes, en ancienne porcelaine de Sèvres pâte tendre, décorés de fleurs et filets bleus au bord.

130 — Quatre compotiers carrés à angles arrondis, de mêmes porcelaine et décor.

131 — Trente et une assiettes de mêmes porcelaine et décor.

132 — Sucrier pour le sucre en poudre, de mêmes porcelaine et décor.

133 — Douze assiettes de mêmes porcelaine et décor, mais le bord gaufré à vannerie.

134 — Deux assiettes et un petit plat ovale de mêmes porcelaine et décor, les bords gaufrés à fleurs et ornements.

135 — Quatre compotiers ronds en ancienne porcelaine de Sèvres pâte tendre, gaufrés à ornements et décorés de fleurs.

136 — Tasse droite en vieux Sèvres pâte tendre, décorée de fleurs dans un parc et portant sur un listel la lettre D. La soucoupe, décorée de guirlandes de fleurs, est en pâte dure.

PORCELAINES DIVERSES

137 — Belle théière en ancienne porcelaine de Saxe décorée de fleurs en camaïeu rose, et à poignée et bec ornés de feuillages en relief. Elle est garnie et repose sur un réchaud en bronze finement ciselé à fleurs et doré. Époque Louis XV.

138 — Deux corbeilles ovales à jour, reposant sur quatre pieds carrés, et décorées de fleurs.

139 — Très-jolie tasse en ancienne porcelaine de Saxe, décorée à l'intérieur de sujets de personnages d'après Watteau, et à l'extérieur de branchages et de fleurs en relief dorés.

140 — Deux maronnières à couvercle en ancienne porcelaine de Saxe, repercées à jour et décorées de médaillons de fleurs.

141 — Petite pendule, forme vase à panse carrée, en porcelaine de Saxe, décorée de figures et de fleurs.

142 — Corbeille ovale en porcelaine anglaise décorée de fleurs.

143 — Coupe ronde à deux anses, à couvercle et plateau en faïence de Wedgwood, à ornements repercés à jour et décors d'or.

144 — Dix tasses avec soucoupes, un sucrier et un petit plateau à sucre en ancienne porcelaine de Saxe, modèle à côtes et décor de fleurs.

BRONZES D'AMEUBLEMENT

145 — Charmante pendule du temps de Louis XVI, en marbre blanc et bronze doré au mat. Offrande à l'Amour, composition de quatre figures. Mouvement de Gille l'aîné, à Paris. — Haut., 46 cent.

146 — Deux jolis brûle-parfums de forme sphérique, en granit vert des Vosges, montés sur trépieds en bronze doré à têtes de satyres et pieds de bouc. Époque Louis XVI.

147 — Joli encrier en marbre bleu turquin, garni en bronze finement ciselé et doré au mat. Époque Louis XVI.

148 — Petite pendule de bureau en ronze finement ciselé et doré, avec mouvement à tirage à grande sonnerie. Travail anglais du temps de Louis XVI.

149 — Deux jolis flambeaux cassolettes du temps de Louis XVI, en marbre blanc, montés à trépieds à têtes de satyres en bronze ciselé et doré au mat.

OBJETS VARIÉS

150 — Belle pendule allemande de forme hexagone, en cuivre repoussé et doré, enrichie aux angles de colonnettes surmontées de pyramides et sur chaque face de plaques de lapis-lazuli. Elle est surmontée d'un clocheton et offre deux cadrans d'émail marquant les heures. XVIIe siècle.

151 — Beau plat rond vénitien en cuivre finement gravé à ornements et enrichi d'incrustations d'argent. XVIe siècle.

152 — Statuette de Vénus en bronze. Fonte italienne du XVIe siècle, très-légère.

153 — Médaillon en bronze par G. Duprez, 1618 : PETRUS JEANNIN REG. CHRIST. A. SECR. CONS. ET SAC. AERA. PRAEF.

154 — Médaille en bronze, tête de profil à droite : PROSPER SANCTACRVCIVS. S. R. E. CARDI. . Vue de palais. GEROCOMIO, 1579.

155 — ÉMAIL DE LIMOGES. — Joli médaillon rond, peinture en grisaille teintée sur fond noir, par JEAN PENICAUD III, représentant la Cène. La plaque porte au revers le poinçon des Pénicaud. — Collection Rattier.

156 — Joli verre de Venise à couvercle, en verre opalin, sur pied à ailerons et enrichi de fleurs en relief. XVIe siècle.

157 — Deux petites coupes rondes, l'une en verre violet et l'autre en verre bleu, gravées à ornements.

158 — Quatre verres de Bohême gravés à ornements.

159 — Lampe en forme de vase en verre émaillé. Reproduction d'une lampe arabe.

160 — Petit flacon en verre émaillé à fleurs de couleur. Époque Louis XIII.

161 — Petit plat rond et creux en émail de Venise, fond bleu et blanc, à décor d'or et émaux colorés. XVIe siècle.

162 — Deux jolies coupes en émail cloisonné de la Chine, décorées d'ornements et de nuages sur fond bleu turquoise. Socles en bois de fer.

163 — Petit miroir Louis XIII à biseaux, avec cadre en cuivre repoussé à fleurs et doré.

164 — Médaillon en terre cuite, par Nini. Portrait en buste de la reine Marie-Antoinette.

TAPISSERIE.

165 — Jolie Tapisserie de Beauvais, représentant un sujet champêtre dans la manière de Boucher, et enrichie de draperies et ornements à rinceaux sur fond blanc.

Haut., 2 m. 80 c.; larg., 4 m. 95 c.

www.ingramcontent.com/pod-product-compliance
Ingram Content Group UK Ltd.
Pitfield, Milton Keynes, MK11 3LW, UK
UKHW021108270726
13993UKWH00006B/1991

9 782329 500829